Dieses Buch

ist ein Geschenk

für

. . . . . . . . . . . . . . . . . . . . . . . . . . . . . . . . . . . . . . . . . . .

von

. . . . . . . . . . . . . . . . . . . . . . . . . . . . . . . . . . . . . . . . . . .

zur Erinnerung an die Taufe.

# Meine Taufe

Erinnerungsalbum

Mit Illustrationen
von Gisela Dürr

Calwer / Pattloch

# Das bin ich

In jedem Menschen ist etwas Kostbares,
das in keinem anderen ist.

Martin Buber

Ich heiße . . . . . . . . . . . . . . . . . . . . . . . . . . . . . . . . . . . . . . . . . . . . . . . . .

Mein Name bedeutet . . . . . . . . . . . . . . . . . . . . . . . . . . . . . . . . . . . . . . . . . .

Ich bin geboren am . . . . . . . . . . . in . . . . . . . . . . . . . . . . . . . . um . . . . Uhr.

Bei meiner Geburt waren dabei . . . . . . . . . . . . . . . . . . . . . . . . . . . . . . . . . . .

Ich war . . . . . . . . . . . cm groß

und wog bei meiner Geburt . . . . . . . . Gramm.

Hier ist Platz für eine Haarlocke von mir.

Das erste Bild von mir.
Hier ist auch Platz für einen Handabdruck von mir.

Dieses Buch ist das ganz persönliche Taufalbum

von . . . . . . . . . . . . . . . . . . . . . . . . . . . . . . .

# Meine Geburtsanzeige

Hier ist Platz für meine Geburtsanzeige.

Juli 2008

FAMILIEN KALENDER

**Tussenhausen**

**19. Juli, Leander Frederik**
Eltern: Rudolf und Cornelia
Vogel, geb. Horn

# Was am Tag meiner Geburt geschah ...

Ein Artikel aus der Tageszeitung, die an meinem Geburtstag erschien.

## Die andere Geschichte
Was nicht im Kalender steht

### Olympische Moral

„Eine Welt. Ein Traum." lautet das Motto der Olympischen Sommerspiele 2008. Das kommt dem Gedanken von Pierre de Coubertin schon sehr nahe, der ihn 1894 zur Wiedereinführung des antiken Wettkämpfens bewegte. Dass aber gerade Peking sich diese romantische Formel auf die Fahnen schreibt – man könnte das kaltschnäuzig nennen. China und die Menschenrechte, Tibet ... War da was? Jedenfalls wurde schon mal was von Boykott getuschelt in der ja zunächst stets ostentativ moralischen westlichen Welt – bis die Einwände kamen, die Spiele seien ein sportlicher, kein politischer Anlass und Verstimmungen in den internationalen Beziehungen eh eher kontraproduktiv. Das hat Olympia schon anders erlebt. Bereits bei der ersten modernen Auflage 1896 wollten welche nicht, die Deutschen, denn: Der Idee eines Franzosen folgen, das sei doch Vaterlandsverrat! Sie kamen dann doch. Viele andere aber blieben später weg. Höhepunkt war der **19. Juli 1980**, als die Spiele in Moskau eröffnet wurden. Es waren die ersten auf kommunistischem Boden, und mehr als 50 Nationen fehlten. Die Sowjetunion war gerade in Afghanistan einmarschiert, US-Präsident Carter hatte den Boykott initiiert. 1984 dann die Spiele in Los Angeles, und natürlich fehlten dann die Russen und 14 weitere Ostblockstaaten. Dafür da zum ersten Mal überhaupt dabei: ausgerechnet China. *Wolfgang Schütz*

Mein
Stammbaum

# Kinder

Sind so kleine Hände,
winz'ge Finger dran.
Darf man nie drauf schlagen,
die zerbrechen dann.

Sind so kleine Füße
mit so kleinen Zeh'n
Darf man nie drauf treten,
könn' sie sonst nicht geh'n.

Sind so kleine Ohren scharf,
und ihr erlaubt.
Darf man nie zerbrüllen,
werden davon taub.

Sind so schöne Münder,
sprechen alles aus.
Darf man nie verbieten.
Kommt sonst nichts mehr raus.

Sind so klare Augen,
die noch alles sehn.
Darf man nie verbinden,
könn' sie nichts verstehn.

Sind so kleine Seelen,
offen und ganz frei.
Darf man niemals quälen,
geh'n kaputt dabei.

Ist so'n kleines Rückgrat,
sieht man fast noch nicht.
Darf man niemals beugen,
weil es sonst zerbricht.

Grade, klare Menschen
wär'n ein schönes Ziel.
Leute ohne Rückgrat
hab'n wir schon zu viel.

Bettina Wegner

# Mein Zuhause

Hier kann ein Foto von meinem Kinderbettchen, meinem Kinderwagen oder meinem Kinderzimmer eingeklebt werden.

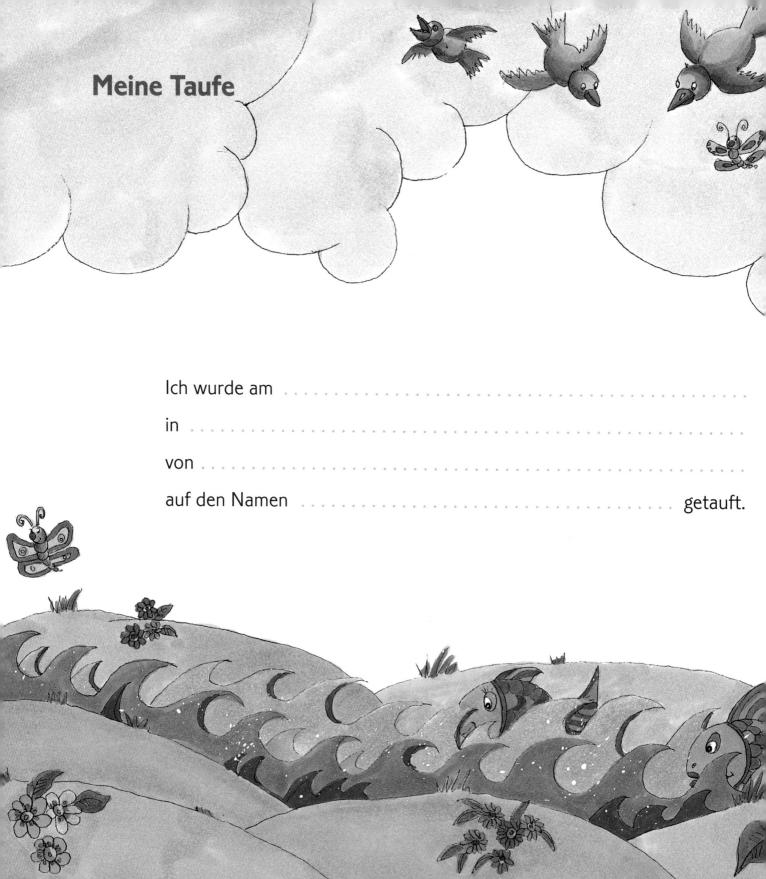

# Meine Taufe

Ich wurde am . . . . . . . . . . . . . . . . . . . . . . . . . . . . . . . . . . . . . . . . . . . . . . . . . . . . .

in . . . . . . . . . . . . . . . . . . . . . . . . . . . . . . . . . . . . . . . . . . . . . . . . . . . . . . . . . . . . . .

von . . . . . . . . . . . . . . . . . . . . . . . . . . . . . . . . . . . . . . . . . . . . . . . . . . . . . . . . . . . .

auf den Namen . . . . . . . . . . . . . . . . . . . . . . . . . . . . . . . . . . . . . . . . . getauft.

# Ich taufe dich ...

Schwester Wasser,
kostbares Nass,
Ursprung allen Lebens.

Leben spendend,
erfrischend,
kühlend.

Mit dir blüht alles,
mit dir wird alles rein,
mit dir wird alles neu.

... im Namen des Vaters
und des Sohnes
und des Heiligen Geistes.

# taufe
# oder mit allen wassern gewaschen

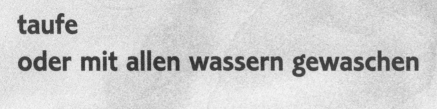

wir möchten nicht
   dass unser kind
   mit allen wassern gewaschen wird

wir möchten
   dass es
   mit dem wasser der gerechtigkeit
   mit dem wasser der barmherzigkeit
   mit dem wasser der liebe und des friedens
   reingewaschen wird

wir möchten
   dass unser kind
   mit dem wasser
   christlichen geistes
   gewaschen
   übergossen
   beeinflusst
   wird

wir möchten
   selbst das klare lebendige
   wasser für unser kind werden und sein
   jeden tag
   wir möchten auch dass seine paten
   klares kostbares lebendiges wasser
   für unser kind werden

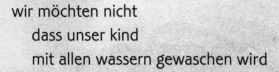

wir hoffen und glauben
    dass auch unsere gemeinde in der wir leben
    und dass die kirche zu der wir gehören
    für unser kind das klare kostbare
    lebendige wasser
    der gerechtigkeit
    der barmherzigkeit
    der liebe und des friedens ist

wir möchten und hoffen
    dass unser kind
    das klima des evangeliums findet
    wir möchten nicht
    dass unser kind mit allen wassern
    gewaschen wird

deshalb
    in diesem bewusstsein
    in dieser hoffnung
    in diesem glauben
    tragen wir unser kind
    zur kirche
    um es der kirche
    der gemeinde zu sagen
    was wir erwarten
    für unser kind
    was wir hoffen
    für unser kind

wir erwarten viel
wir hoffen viel

Wilhelm Willms

# Jesus und die Kinder

Da brachte man Kinder zu ihm, damit der ihnen die Hände auflegte.
Die Jünger aber wiesen die Leute schroff ab. Als Jesus das sah,
wurde er unwillig und sagte zu ihnen: Lasst die Kinder zu mir kommen;
hindert sie nicht daran! Denn Menschen wie ihnen gehört das
Reich Gottes.

Aus dem Markusevangelium

# Kind, du bist uns anvertraut

Kind, du bist uns an - ver - traut. Wo - zu
Wenn du dei - ne We - ge gehst, wes - sen

wer - den wir dich brin - gen? Wel - che
Lie - der wirst du sin - gen?

Wor - te wirst du sa - gen und an wel - ches Ziel dich wa - gen?

Text: Friedrich Karl Barth, Gerhard Grenz, Peter Horst (Hg.), Gottesdienst menschlich,
Peter Hammer Verlag Wuppertal, Neuauflage Gesamtausgabe 2001

Kampf und Krieg zerreißt die Welt,
einer drückt den andern nieder.
Dabei zählen Macht und Geld,
Klugheit und gesunde Glieder.
Mut und Freiheit, das sind Gaben,
die wir bitter nötig haben.

Freunde wollen wir dir sein,
sollst des Friedens Brücken bauen.
Denke nicht, du stehst allein,
kannst der Macht der Liebe trauen.
Taufen dich in Jesu Namen.
Er ist unsre Hoffnung. Amen.

# Meine Tauffeier

Hier ist Platz für Fotos von meiner kirchlichen Tauffeier.

# Meine Taufpaten

Meine Taufpaten sind . . . . . . . . . . . . . . . . . . . . . . . . . . . . . . . . . . . . . . . . . . . . . . . . . . . . . . . . . .

und . . . . . . . . . . . . . . . . . . . . . . . . . . . . . . . . . . . . . . . . . . . . . . . . . . . . . . . . . . . . . . . . . . . . . . . . . . .

# Wünsche von Herzen

Segen sei mit dir,
der Segen strahlenden Lichtes,
Licht um dich her
und innen in deinem Herzen.
Sonnenschein leuchte dir
und erwärme dein Herz,
bis es zu glühen beginnt
wie ein großes Torffeuer,
und der Fremde tritt näher,
um sich daran zu wärmen.

Aus deinen Augen strahle
gesegnetes Licht
wie zwei Kerzen
in den Fenstern deines Hauses,
die den Wanderer locken,
Schutz zu suchen dort drinnen
vor der stürmischen Nacht.

Wem du auch begegnest,
wenn du über die Straße gehst,
ein freundlicher Blick von dir
möge ihn treffen.

Aus Irland

# Glaubensbekenntnis

Ich glaube an Gott,
der mir Vater und Mutter ist,
und an Jesus Christus,
der mir Bruder, Freund und Weggefährte ist
und mir durch sein Leben gezeigt hat,
dass leben lieben ist,
dass das Leben einen Sinn hat
und der Tod nicht das letzte Wort.

Ich glaube an den Heiligen Geist,
die verwandelnde Kraft der Liebe,
an die Macht der Versöhnung zwischen Menschen und Völkern,
die Hass, Streit und Krieg ein Ende setzt
und uns im Einklang mit der Schöpfung leben lässt.

Ich glaube, dass alle, die Gott suchen und Jesus nachfolgen,
eine Gemeinschaft von Schwestern und Brüder sind.

Ich glaube, dass das Reich Gottes
jeden Tag hier und heute neu gelebt
und erfahren wird.

# Die Taufkerze

Der von sich sagte

„Ich bin das Licht der Welt",

das auferstandene Licht,

schenkt dir

sein Licht.

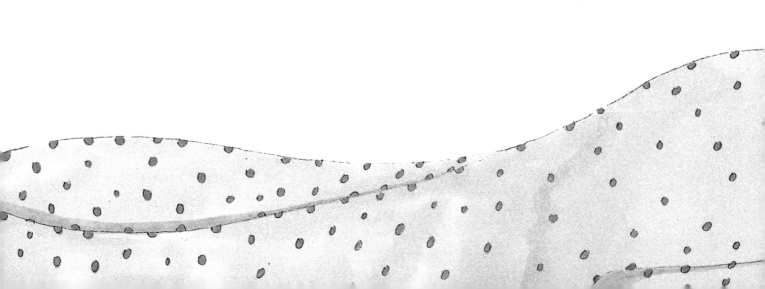

# Segne dieses Kind

Seg-ne die-ses Kind und hilf uns, ihm zu hel-fen, dass es
se-hen lernt mit sei-nen ei-gnen Au - gen das Ge-
sicht sei - ner Mut-ter und die Far - ben der Blu-men und den
Schnee auf den Ber-gen und das Land der Ver - hei - ßung.

Segne dieses Kind und hilf uns, ihm zu helfen,

dass es hören lernt mit seinen eignen Ohren,

auf den Klang seines Namens,

auf die Wahrheit der Weisen,

auf die Sprache der Liebe

und das Wort der Verheißung.

Segne dieses Kind und hilf uns, ihm zu helfen,

dass es greifen lernt mit seinen eignen Händen

nach der Hand seiner Freunde, nach Maschinen und Plänen,

nach dem Brot und den Trauben und dem Land der Verheißung.

Segne dieses Kind und hilf uns, ihm zu helfen,

dass es reden lernt mit seinen eigenen Lippen

von den Freuden und Sorgen, von den Fragen der Menschen,

von den Wundern des Lebens und dem Wort der Verheißung.

Segne dieses Kind und hilf uns, ihm zu helfen,

dass es gehen lernt mit seinen eigenen Füßen

auf den Straßen der Erde, auf den mühsamen Treppen,

auf den Wegen des Friedens in das Land der Verheißung.

Segne dieses Kind und hilf uns, ihm zu helfen,

dass es lieben lernt mit seinem ganzen Herzen.

Text: Lothar Zenetti, aus Lieder vom neuen Leben, Fidula-Verlag Boppard/Rhein und Salzburg
Melodie: Erna Woll

# Das Vaterunser

Das Vaterunser ist das Gebet Jesu und verbindet die Christen aller Völker weltweit miteinander.

Vater unser im Himmel,

geheiligt werde dein Name.

Dein Reich komme.

Dein Wille geschehe, wie im Himmel so auf Erden.

Unser tägliches Brot gib uns heute.

Und vergib uns unsere Schuld,

wie auch wir vergeben unsern Schuldigern.

Und führe uns nicht in Versuchung,

sondern erlöse uns von dem Bösen.

Denn dein ist das Reich

und die Kraft

und die Herrlichkeit in Ewigkeit.

Amen.

# Mein Festtag

Hier ist Platz für eine Gästeliste.

# Fotos von meinem festlichen Tag

# Was wir dir wünschen

# Die Wünsche meiner Gäste

# Eure Kinder sind nicht eure Kinder

Sie sind die Söhne und Töchter des Lebens,
das sich nach sich selber sehnt.
Sie erlangen das Leben durch euch,
aber nicht von euch,
und so leben sie zwar mit euch,
doch sie gehören euch nicht.
Ihr könnt ihnen eure Liebe geben,
eure Gedanken aber könnt ihr ihnen nicht geben,
denn sie besitzen ihre eigenen Gedanken.
Ihr mögt ihren Körpern ein Haus geben,
aber ihren Seelen könnt ihr keines geben,
denn ihre Seelen bewohnen das Haus von morgen,
das ihr nicht besuchen könnt, selbst in euren Träumen nicht.
Ihr könnt euch darum bemühen, wie sie zu sein,
aber strebt nicht danach, sie euch anzugleichen.
Denn für das Leben gibt es kein rückwärts
noch verweilt es im Gestern.
Ihr seid die Bogen, von denen eure Kinder
lebenden Pfeilen gleich ausgesandt werden.
Der Bogenschütze sieht die Markierung auf dem Pfad
der Unendlichkeit
und er spannt euch mit seiner Stärke,
auf dass seine Pfeile rasch und weit davonschnellen.

Lasst die Spannung eures Bogens in der Hand des Schützen
auf Fröhlichkeit ausgerichtet sein;
denn so wie der Bogenschütze den Pfeil liebt,
der dahinfliegt,
so liebt er ebenso den Bogen,
der standfest bleibt.

Khalil Gibran

# Ein Segen für dich

Der Herr segne dich und behüte dich.

Der Herr lasse sein Angesicht über dich leuchten und sei dir gnädig.

Der Herr wende sein Angesicht dir zu und schenke dir Heil.

Aus dem Buch Numeri

Quellennachweis

Bettina Wegner, Kinder. © Bettina Wegner, Berlin
Wilhelm Willms, taufe oder mit allen wassern gewaschen.
Aus: Wilhelm Willms, Mitgift, eine Gabe, mitgegeben in die Ehe.
© 1979 Verlag Butzon & Bercker, Kevelaer, 10. Auflage 1996, S. 45f.

Die Deutsche Bibliothek – CIP-Einheitsaufnahme

Ein Titeldatensatz für diese Publikation ist bei
Der Deutschen Bibliothek erhältlich.

© 2002 Pattloch Verlag GmbH & Co. KG, München
Umschlag: Daniela Meyer, Pattloch Verlag, München
Satz, Layout und Herstellung: Ruth Bost, Pattloch Verlag, München
Reproduktion: Repro Ludwig, A–Zell a. See
Druck und Bindung: Proost, Turnhout
Printed in Belgium

ISBN 978-3-7668-3747-9 (Calwer)
ISBN 978-3-629-00464-2 (Pattloch)

3 5 7 6 4